ESSAI CRITIQUE

SUR LA RÉGLEMENTATION ACTUELLE

DE LA

CIRCULATION DES AUTOMOBILES

ESSAI CRITIQUE

sur la Réglementation actuelle

DE LA

CIRCULATION

DES AUTOMOBILES

Lecture faite à la Séance solennelle de clôture des Conférences du stage, le 15 juin 1907,

PAR

Edouard DUMOLARD

Avocat

Lorsque, sur nos routes, les premières voitures automobiles se mirent à rouler dans un
assourdissant fracas, qu'elles devaient à leurs
roues non encore caoutchoutées, autant qu'à
leur construction rudimentaire, les chevaux
qui, jusque-là avaient en quelque sorte joui
du monopole de la locomotion, ne dissimu-
lèrent pas l'émoi que leur causait l'intrusion
de ce concurrent qui devait un jour les sup-
planter ; — et, tandis que les plus ardents tra-
duisaient leur dépit par des emballements,
causes de nombreux et très graves accidents,
les plus exténués eux-mêmes rassemblaient ce
qui leur restait de force et de vigueur pour
lancer une dernière ruade et s'abattre dans un
fossé.

A cette époque, cependant, aucune mesure
n'était encore prise contre les audacieux qui
osaient se risquer sur des appareils aussi im-

parfaits, et, malgré les accidents occasionnés, il ne semble pas qu'on ait alors nourri à leur endroit de la haine, mais plutôt de la curiosité et même un peu d'admiration. Que les temps sont changés !

En même temps que les voitures devenaient chaque jour plus silencieuses, et que passaient à l'état de souvenir légendaire ces primitifs instruments qui sonnaient la vieille et noble ferraille plus qu'une calèche de prélat, l'usage et la mode exigèrent qu'on haïsse l'automobile et les automobilistes, du moins tant que l'on ne possédait pas l'un ou que l'on n'était pas des autres. C'était peut-être bien seulement une manifestation nouvelle du sentiment qui fit parler le renard de La Fontaine quand il aperçut sur la treille les fameux raisins qu'il trouva trop verts; « fit-il pas mieux que de se plaindre. »

Il n'entre point dans mes intentions de narrer ici les démêlés homériques des autophobes et des autophiles, démêlés qui firent verser autant d'encre que les discordes non moins stériles des Proculiens et des Sabiniens. Ce n'est pas que semblable étude soit dénuée

d'intérêt, car un psychologue pourrait y rencontrer une foule de sentiments étranges.
Mais ce serait sortir du cadre juridique dans
lequel je dois m'enfermer. Aussi me borne-
rai-je à vous exposer quelques-unes des bizar-
reries qui se trouvent dans les textes qui
régissent en France la circulation des automobiles, et aussi dans leur application, telle
qu'elle fut comprise par une jurisprudence
encore plus manifestement autophobe que
ne l'avait été le législateur.

Le texte qui régit en France la circulation
des voitures automobiles, la charte de la matière a-t-on coutume de dire, est un décret
du 10 mars 1899, interprété par une circulaire
du 10 avril suivant, et complété par un autre
décret du 10 septembre 1901. A ces décrets et
circulaire bien entendu, il faudrait ajouter,
pour être complet, quelques arrêtés et quelques
circulaires sans grand intérêt au point de vue
juridique et enfin tous ceux qui concernent la
police du roulage, en général, et qui s'appli-
quent aux voitures automobiles comme à
tous les autres moyens de locomotion ; — ces

derniers d'ailleurs n'entrent point dans le cadre de cette étude.

⁎

Le décret du 10 mars 1899 en édictant ses règles a créé toute une série d'infractions nouvelles qui se dénouent normalement devant les tribunaux de simple police et parfois devant les tribunaux correctionnels jugeant comme juridiction d'appel. De toutes, la plus intéressante et peut-être aussi la plus fréquente est celle qui est dressée si souvent en vertu de l'article 14 du décret ainsi conçu : « Le conducteur de l'automobile devra rester « constamment maître de sa vitesse ; il ra-« lentira ou même arrêtera le mouvement « toutes les fois qu'il pourrait être une cause « d'accident, de désordre ou de gêne pour la « circulation. La vitesse devra être ramenée à « celle d'un homme au pas dans les passages « étroits et encombrés. En aucuns cas la vi-« tesse n'excédera celle de 30 kilomètres à « l'heure en rase campagne et 20 kilomètres « à l'heure dans les agglomérations, sauf « l'exception prévue à l'article 31 ; » c'est-à-dire en cas de courses dûment autorisées.

De ce texte la dernière phrase seule est intéressante ; le début sans grande signification précise donne aux chauffeurs un conseil de sage prudence, tandis que la finale fixe avec des chiffres le maximum de vitesse que les voitures pourront avoir soit dans les agglomérations, soit en rase campagne. Cette prescription a été très discutée, très critiquée surtout. A-t-elle eu le bonheur d'être obéie en 1899, dans les débuts ? je ne sais, mais aujourd'hui je crois qu'on peut tenir pour certain que pas une voiture ne sort d'un garage, sans violer outrageusement l'article 14 du décret de 1899. — 30 kilomètres au maximum, en rase campagne, c'est tout ce qu'on permet ! Mais ce maximum, s'il n'était pas dépassé donnerait tout au plus une moyenne à l'heure de 20 à 25 kilomètres, et quel automobiliste consentirait aujourd'hui à l'humiliation d'avouer semblable allure. L'exécution rigoureuse de ce texte ruinerait au surplus les progrès de l'automobile. Par contre, combien fut large le législateur en permettant de faire 20 kilomètres à l'heure dans les agglomérations, alors surtout qu'il est admis qu'on ne doit entendre

par ce mot que : « toute réunion continue de
maisons bordant l'un et l'autre côté de la voie
suivie et lui donnant l'aspect d'une rue » (Circulaire Lépine, 27 juin 1896.) 30 kilomètres en
rase campagne c'est bien peu, mais 20 kilomètres dans les rues c'est beaucoup.

Les maires et les préfets ont coutume de re-
médier sur ce dernier point, à la trop grande
générosité du décret et de réduire le maximum
de vitesse prévu pour la traversée des agglomérations. Les arrêtés pris dans ce but sont-
ils valables ? Telle fut la question que se po-
sèrent tout d'abord les automobilistes, furieux
de se voir ainsi privés du plaisir de rattraper
dans les bourgades, grâce au décret de 1899,
le temps qu'en vertu du même texte, ils per-
daient dans les campagnes. Cette question
n'est plus aujourd'hui discutée depuis que le
Conseil d'Etat, consulté sur ce point, a, le
13 mars 1902, émis l'avis que les décrets ré-
gissant notre matière, n'ont porté aucune
atteinte aux pouvoirs de police que les maires
tiennent de la loi du 5 avril 1884. Et les automobilistes n'ont qu'à se soumettre au bon
plaisir des autorités de village, qui manifes-

tent peu de sympathie pour un moyen de circuler aussi peu démocratique, et ne se font pas
faute de réduire, dans de très grandes proportions, le maximum de vitesse toléré par le
décret de 1899, pour la traversée des agglomérations. La seule ressource des chauffeurs est
de faire casser pour abus de pouvoir les arrêtés
édictant des mesures énergiques, sans doute,
et pouvant avoir leur bon côté, mais, par trop
manifestement exagérées. Ceci s'est produit
déjà et le ministre de l'Intérieur a annulé notamment un arrêté pris en 1901, par le maire de
Gannat, qui, non content de réduire la vitesse
permise dans les agglomérations qu'il admi-
nistrait, avait formellement interdit aux automobiles de traverser sa commune, à quelqu'allure que ce soit. (1)

Sans aller jusque-là, il arrive souvent que
les maires règlementent en leurs arrêtés, la
vitesse des automobiles, non seulement pour
la traversée des agglomérations, ce qui est
leur droit absolu, mais dans toute l'étendue de

(1) V. sur ce point :
Cass. 15 janv. 1903. D. P. 1904, 1, 534.
Cass. 11 janv. 1905. *Bulletin crim.*, cass. 1905, 36.

leur commune ; et il est encore aujourd'hui fréquent de rencontrer sur les routes, des poteaux indiquant de semblables mesures. — Les automobilistes protestent intérieurement et leur protestation se traduit par une violation de ces sortes d'arrêtés. — Des contraventions en sont la conséquence, et, c'est en vain que, devant les juges de paix, on a tenté de soutenir l'illégalité de ces textes. — Les chauffeurs étaient condamnés et préféraient payer le montant de l'amende minime qui leur était infligée plutôt que de faire les frais d'un pourvoi en cassation. — Pour mettre un terme à cet état de choses, et faire statuer sur ce cas la Cour suprême, le Touring-Club de France prit à sa charge les frais d'un pourvoi contre un jugement condamnant un automobiliste, qui avait contrevenu à un arrêté du maire de Payus ; ce texte interdisait toute allure supérieure à dix kilomètres à l'heure, non seulement dans les agglomérations, mais encore aux abords d'une ferme isolée se trouvant en bordure de la route nationale. — Et la Cour de Cassation a décidé, que le pouvoir conféré aux maires par la loi municipale de prendre toutes les mesures nécessaires pour «assurer la sûreté et la commodité du passage dans les rues, quais, places et voies publiques,» ne peut s'entendre que des voies publiques, quelles qu'elles soient, en tant qu'elles traversent des agglomérations, ou bien alors des voies publiques purement communales. Et le droit de réglementer la vitesse des automobiles sur les routes nationales ne saurait leur appartenir, en dehors des villages. — Cet arrêt date du 9 mars 1907 et on peut le considérer comme tranchant la question, car il est invraisemblable que les magistrats de paix s'insurgent contre son autorité (1).

Les automobilistes soumis en principe, aux arrêtés municipaux et préfectoraux postérieurs à 1899, sont-ils du moins assez heureux pour échapper à ceux que prirent avant cette date les maires et les préfets ? Deux décisions des tribunaux de simple police de Pont Sainte-Maxence et de Charolles, en date des 16 mars

(1) Revue du Touring-Club de France, 1907, compte rendu de la réunion du comité de contentieux du mois de mars.

Gaz. pal. 1907, I, 413.

et 27 janvier 1906 (1), semblent impliquer la solution contraire. Elle semble pourtant bien difficile à admettre, puisque la circulaire du 10 avril 1899, interprétant le décret du 10 mars précédent, comporte un article 17 ainsi conçu : « Dans quelques départements et villes, des « règlements sur la circulation des véhicules « à moteur mécanique, autres que ceux ser- « vant à l'exploitation des voies ferrées, ont été « édictés par l'autorité préfectorale ou muni- « cipale. Ces réglementations locales dispa- « raissent de plano, devant le règlement « d'administration publique du 10 mars 1899, « en tout ce que celui-ci règle aujourd'hui. » Et pourtant nombre de procès verbaux sont encore dressés en vertu de textes antérieurs ; dans la région grenobloise notamment, c'est sur un arrêté préfectoral du 15 novembre 1898 que les gendarmes et les gardes champêtres semblent se baser le plus souvent.

(1) Trib. police Pont Sainte Maixence, 11 mars 1906.
Gaz. pal. 1906, 1, 527.
Gaz. trib. 25 avril 1906.
Trib. police, Charolles, 27 janvier 1906.
Gaz. pal. 1906, 1, 257.

, En tout cas, et quel que soit l'avis adopté sur ce dernier point, il n'en reste pas moins vrai, qu'étant donné la multiplicité et la variété immense des règlements locaux, il est à peu près impossible à un chauffeur voyageant en France, de savoir à quelle allure il peut aborder une agglomération, car autant de mairies, autant d'arrêtés. Frappé de cet inconvénient, M. Pugliesi-Conti avait déposé sur le bureau de la Chambre une proposition de loi, tendant à unifier sur ce point la législation, en fixant un minimum de 12 kilomètres à l'heure, en-dessous duquel les maires ne pourraient descendre, et en défendant que des contraventions soient dressées dans les communes où la vitesse maxima, réduite par arrêté, ne serait indiquée par aucun poteau, aucune inscription à l'entrée et à la sortie des agglomérations où ladite réduction a été ordonnée. En attendant que cette proposition soit adoptée, les chauffeurs sont journellement et parfois même sans le savoir, en état d'infraction. (*Revue des Lois et Sports 1906.*)

Les infractions au décret de 1899 et aux arrêtés qui nous occupent sont habituellement constatées, comme toutes autres infractions, par des gendarmes, des gardes-champêtres ou des agents de ville qui en dressent procès-verbal. Mais en la matière, ces constatations sont particulièrement délicates à faire. Comment un gendarme se promenant sur une route peut-il évaluer la vitesse d'une automobile qui passe, alors que celui qui la conduit ne saurait même pas le plus souvent indiquer son allure avec précision? L'agent verbalisateur se borne fréquemment à indiquer son sentiment et l'expérience a démontré ce que valait semblable appréciation. C'est ainsi qu'avait été verbalisée, à Paris, pour avoir remonté l'avenue des Champs-Elysées à 35 kilomètres à l'heure, une voiture, qu'une expertise postérieure démontra incapable de faire plus de 10 kilomètres en palier. Au surplus, avec la meilleure bonne foi, les agents verbalisateurs qui n'ont aucun moyen de contrôle précis et scientifique sont fatalement conduits à se tromper. Les uns comparent avec la vitesse d'un cheval, d'autres comptent le temps mis à parcourir un espace dont la longueur leur est connue, la majeure partie, s'en remettant à son impression, indique un chiffre qui ne repose sur rien, si ce n'est sa conviction. Tous ces procédés sont faux et engendrent l'erreur. L'impression de vitesse, dépend en effet de la durée de sensation ressentie par l'œil, et dès lors cette durée elle-même varie dans des proportions énormes, avec la longueur de la voiture, l'éclairage, les tourbillons de poussière, etc. (1). Aussi les indications portant sur les évaluations de vitesse données aux procès-verbaux sont-elles aujourd'hui considérées par les gens sensés comme inexactes en elles-mêmes, et il devra en être ainsi tant que les agents chargés de verbaliser ne seront pas munis d'un moyen de contrôle sérieux.

Primitivement, les infractions étaient poursuivies avec acharnement et les condamnations prononcées alors par les juges de paix étaient étrangement féroces ; les journaux humoristiques s'en amusaient, invitant nos députés à

(1) V. sur ce point :
1º Archdeacon. « La contravention au vol. »
2º Imbrecq. « L'excès de vitesse. »

vôter des projets de loi ainsi conçus : « Qui-
« conque montera dans une automobile aura la
« tête tranchée » et relatant des espèces de jurisprudence fantaisiste autant que farouche. C'est
ainsi qu'on y voyait un automobiliste traduit
en cour de mai, pour répondre d'une contravention à lui dressée, pour avoir circulé à 10 heures
du soir, sans signal avertisseur, démontrer que
non seulement sa machine en était pourvue,
mais encore qu'il en avait fait usage. Et en des
attendus burlesques, le juge « considérant
« qu'aucun de ces êtres immondes qu'on nom-
« me chauffeur ne doit sortir indemne de
« céans, » de condamner le malheureux à de
la prison, non pour défaut de signal, mais pour
tapage nocturne.

De cet esprit qui animait alors les juridic-
tions contre l'automobile, est né ce mode de
constater les infractions, qu'elles ont longtemps
considéré comme suffisant, et qui heureuse-
ment tend aujourd'hui de plus en plus à dis-
paraître ; la contravention au vol. La contravention au vol consiste simplement dans le
fait par l'agent verbalisateur de relever les numéros de la voiture qui passe et de dresser

procès-verbal contre inconnu conduisant une voiture portant les numéros X. Y. Z. Ce mode de verbaliser présente indubitablement de sérieux avantages. Sans lui, les chauffeurs surpris pourraient toujours échapper aux peines que la loi leur réserve, en ne répondant que par un sourire narquois et méprisant aux gestes significatifs et désespérés de l'agent, qui les prierait en vain de s'arrêter, pour lui permettre de dresser son procès-verbal.

Mais en regard de cet avantage très sérieux que d'inconvénients à signaler, que d'erreurs sont nées de ce mode de procéder. Tout d'abord, lorsqu'une automobile passe à grande allure, soulevant derrière elle ces tourbillons énormes de poussière que les passants avalent furieux et résignés, est-il toujours bien facile de ne point commettre d'erreur en relevant le numéro ; la pratique a démontré le contraire. Ajoutez à cela qu'un certain nombre de chauffeurs peu scrupuleux (et ce sont ordinairement ceux qui ont coutume d'être en état de contravention et partant sont le plus fréquemment verbalisés) se mettent à couvert contre toute responsabilité éventuelle, en ne sortant qu'avec un faux numéro; ce qui fait que l'agent, s'il a l'heureuse fortune de pouvoir lire la plaque de la voiture, verbalise contre un innocent; car c'est le propriétaire de la machine portant le numéro ainsi relevé qui est poursuivi.

Les innombrables erreurs, nées de cette façon de faire, sont arrivées à la longue à déconsidérer la contravention au vol; cette manière de verbaliser aurait même complètement disparu de Paris, et c'est heureux, car les erreurs possibles ne sont pas leur seul inconvénient. C'est ainsi que l'administration des mines à qui on signale le numéro, et qui est chargée de rechercher le coupable met parfois très longtemps à faire connaître le nom du propriétaire de la voiture dont le numéro lui a été signalé; et ce n'est parfois que 2 ou 3 mois après qu'un chauffeur est appelé à se défendre des suites d'une contravention fort ancienne et des circonstances de laquelle il n'est plus possible de se souvenir. Au lieu que le chauffeur arrêté sur le fait peut immédiatement recueillir des impressions, des témoignages, et puiser dans une discussion avec le verbalisateur des éléments utiles à sa défense, le chauffeur verba-

lisé au vol, sans qu'il s'en soit le plus souvent
même aperçu, fort longtemps avant, et sans
que rien n'ait attiré sur son infraction une
minute d'attention, en est réduit à se laisser
condamner sans résistance. Et c'est un long
martyrologe de chauffeurs injustement condamnés que l'on pourrait dresser sous le titre :
les fruits de la contravention au vol; martyrologe qui ferait un tome II parfait de ce livre si
utile aux stagiaires débutants devant la Cour
d'assises: *Les erreurs judiciaires et leurs causes.*

Au surplus, les procès-verbaux ainsi dressés manquent le plus souvent de précision.
Ils se bornent à indiquer le numéro relevé, et
les tribunaux considèrent la preuve comme
faite à l'encontre du propriétaire de la voiture. C'est là une grave erreur et il ne suffit
pas d'indiquer un numéro pour identifier un
coupable, quoi que les tribunaux de simple
police en aient pensé. Pour s'en convaincre,
il suffit de se reporter à la circulaire qui régit
cette matière et qui, expliquant les raisons
qui firent créer les numéros de voiture s'ex-
prime ainsi : « La lecture du numéro d'ordre,
« rendue ainsi possible à distance, constituera

« l'UN des éléments UTILES pour identifier les
« conducteurs d'automobiles, qui se rendraient
« coupables de contravention.» On voit par
ce texte que cet élément ne suffit pas. Les tribunaux ne devraient pas par suite s'en con-
tenter pour condamner, mais exiger d'autres
moyens d'identification tels que la couleur de
la voiture, le costume du conducteur, ce que
pratiquement ils ne font jamais.

La contravention au vol qui, on le voit, présente de très graves inconvénients que tout le
monde reconnaît, doit-elle être supprimée ?
Des auteurs très sensés et très impartiaux ne
le croient pas, estimant qu'elle est une fâ-
cheuse nécessité et le seul moyen pratique
dont on puisse disposer pour empêcher les
chauffeurs de se soustraire par la fuite à leur
responsabilité. — Du moins devrait-on réduire
dans de très notables proportions son champ
d'application et la rendre toute exceptionnelle
en décidant que l'agent verbalisateur devra
toujours essayer de faire arrêter le contrevenant pour le verbaliser en lui faisant décli-
ner ses nom et prénoms selon le droit com-
mun, et ce ne serait que dans le cas où un

automobiliste aurait refusé d'obtempérer aux
signaux et d'interrompre sa course, que la
contravention au vol pourrait être dressée. Ce
serait en réduire l'emploi à ses justes proportions.

La grande facilité qu'ont les chauffeurs de
se soustraire par la fuite à leur responsabilité,
a donné naissance, en outre de la contravention au vol, à un projet de loi que M. Chaste-
let a déposé le 2 juillet 1906 à la Chambre des
députés (1), projet qui deviendra peut-être
une réalité puisque le texte en a été adopté
par le Sénat en 1902. Estimant non sans quelque apparence de raison que ce n'est pas par
une réglementation à outrance de la circulation des automobiles, réglementation difficile
à faire et à unifier surtout, étant données les
contingences particulières à chaque localité,
que l'on arrivera à supprimer les dangers de la
circulation des véhicules à moteurs. M. Chas-
telet est d'avis de « laisser une liberté plus

(1) V. ce projet et son commentaire dans les *Lois Nouvelles*, 1897, 2, 10.

« grande et frapper avec plus d'énergie ceux
« qui seraient tentés d'en abuser car le danger,»
pense-t-il, «n'a pas seulement pour facteur la vi-
« tesse mais encore il dépend de la main plus ou
« moins expérimentée qui la dirige. » Basé
sur cette idée, son projet est ainsi conçu :
« Tout conducteur d'un véhicule quelconque,
« tout cavalier, tout vélocipédiste, qui, à la
« suite d'un fait dommageable aurait tenté
« d'échapper par la fuite à la responsabilité pé-
« nale ou simplement civile, qu'il peut avoir
« encourue sera puni de six jours à deux mois de
« prison ou d'une amende de 16 à 500 fr. Il ne
« pourra quant à la peine être fait application de
« l'article 365 du Code pénal, mais l'article 463
« du même Code pourra être appliqué ». Il
est inutile d'arrêter plus longtemps l'attention
sur un texte qui peut somme toute, n'être jamais
une réalité, bien qu'il ait été incorporé avec
une légère modification dans un projet de loi
dont s'occupe actuellement la société d'études
législatives et qui a pour but de réglementer la
responsabilité en matière d'accidents d'automobiles.—Du moins, méritait-il d'être signalé,
car le premier des textes sur la matière, il a

cherché à augmenter la sécurité des voies publiques sans, pourcela, fermer la porte au progrès.

De cette même idée est né un projet qui n'émane pas d'un juriste, ni même d'un député, mais simplement d'un automobiliste de bon sens et qui tendrait à accorder des permis de conduire à une allure d'autant plus rapide que l'instrument à diriger serait plus perfectionné et plus habile la main du conducteur. Des examens sérieux et sévères fixeraient l'allure autorisée, qui serait au surplus variable avec l'âge du conducteur (1). Ce projet prévoit en outre des sanctions pénales sérieuses contre toute imprudence. Mais combien peu de chance a-t-il d'aboutir ! !

Et d'ailleurs s'il aboutissait quel moyen de contrôle, quelle surveillance? Comment savoir à la physionomie d'un chauffeur l'allure qui lui est permise? Le faire arrêter pour qu'il montre son brevet : il n'y faut pas songer.

Alors peut-être, malgré son excellence théorique, est-il préférable que le sommeil dans lequel dort depuis si longtemps ce projet de réglementation ne soit jamais troublé.

(1) V. *Revue des Lois et Sports*, 1906.

En l'état actuel de la législation pénale des automobiles, une des questions les plus curieuses au point de vue juridique est celle de savoir qui peut être pénalement responsable des contraventions constatées. Normalement bien entendu, c'est celui qui conduisait la voiture, au moment où l'excès de vitesse a été constaté, mais bien souvent le conducteur reste inconnu; il en est notamment ainsi dans tous les cas de contravention au vol, où seuls les numéros de la voiture verbalisée sont connus — et, par ces numéros, le propriétaire du véhicule. Dans ce cas, la jurisprudence décide d'une façon unanime, qu'il existe contre le propriétaire du véhicule une présomption de culpabilité, dont celui-ci ne peut se décharger qu'en faisant connaître à la justice le véritable auteur de l'infraction. Cette dénonciation est d'ailleurs le plus souvent impossible, en raison de la lenteur extrême, que l'on met à prévenir les propriétaires, des contraventions dressées contre eux, lenteur qui paralyse la précision du souvenir, qui seule permettrait de faire connaître, qui, deux mois auparavant, conduisait la voiture, lorsqu'elle fut verbalisée.

Dans l'application à outrance de son système, la jurisprudence a rencontré quelques difficultés. Notamment elle s'est fréquemment trouvé en présence du cas suivant : la voiture verbalisée au vol, appartenait à une société anonyme. Le chauffeur était inconnu, le propriétaire était personne morale. — La jurisprudence n'a pas hésité à condamner à l'amende, voir même parfois à de la prison, le directeur ou suivant les cas, l'administrateur délégué de ladite société. Ce qui est au moins étrange (1).

Au surplus, la Cour Suprême va plus loin dans son système, et elle a même décidé qu'était passible d'une contravention, le propriétaire d'automobile, dont la voiture, conduite par un chauffeur, commet un excès de vitesse, si au moment où ladite voiture fut verbalisée, le propriétaire se trouvait assis près du chauffeur et pouvait par suite lui donner l'ordre de ralentir sa marche. Telles sont les

(1) V. entre autres jugements un des plus intéressants. *Trib. simple police.* **Paris,** 19 octobre 1906. Gaz. pal. 16 nov. 1706.

solutions bizarres auxquelles on aboutit (1).

Et pour y arriver la Cour échaffaude le raisonnement suivant : Le décret de 1899, édictant l'apposition sur toutes les voitures, de certaines mentions destinées à faire connaître de loin le propriétaire, a entendu manifestement faire peser contre lui une présomption de culpabilité. Au surplus il ne s'agit point ici pour le propriétaire de responsabilité pénale à raison de la faute d'autrui, mais à raison de sa propre faute à lui, propriétaire, qui possédant un véhicule a le devoir de veiller sur toutes ses sorties et toutes ses évolutions.

---

(1) V. sur ce point :

Garraud, *nouvelle édit.* t. 6, num. 2334 et suiv,

Cass. 12 fév. 1904. D. P. 1904, 1, 160.

S. P. 1904, 1, 253.

Gaz. Trib. 1904, 2, 1. 158.

Lois et Sports, juillet 1905.

Trib. Versailles, 28 mars 1903. D. P. 1905, 2, 372.

S. 1904, 1, 253.

Cette théorie est, paraît-il, fort ancienne et trouvait déjà son application lorsqu'il s'agissait de la règlementation des voitures attelées : c'est là une bien mince excuse !

Cass. 30 mai 46. J. P. 1859, 1, 518.

id. 18 juillet 46. D. 46, 4, 542.

id. 13 mai 54. D. 1855, 1, 413.

Bonnefoy. « Des personnes auxquelles incombe la responsabilité des contraventions d'automobiles. » *Lois et Sports*.

Peut-on raisonner après la Cour de cassation? Peut-on raisonner surtout dans un sens contraire au sien? Si oui, ne relèvera-t-on pas contre cette théorie, outre son esprit bizarre et partial, un caractère antijuridique? N'est-il pas étonnant d'abord, alors qu'aucun texte ne la crée formellement, que la jurisprudence ait établi en matière pénale une présomption de culpabilité? N'est-elle pas contraire aussi au principe de la personnalité des peines, cette théorie qui rend un homme pénalement responsable des fautes d'un autre? et grâce à laquelle un citoyen, fut-il de tous le plus pacifique, s'expose, sans sortir de chez lui, et sans commettre aucun acte répréhensible ou délictueux, à subir de la prison par le seul fait qu'il est propriétaire d'une automobile? Quand il est universellement admis que nul en France n'est responsable pénalement que de ses propres actions. Au point de vue civil on a coutume de tenter un rapprochement entre la voiture automobile et les animaux dont on a la garde, mais il ne s'agit ici que de responsabilité pénale et de sanction pénale pouvant même aller jusqu'à la peine

corporelle! Et quand la Cour suprême répond
à cette objection si grave en voyant une faute
personnelle de la part du contrevenant dans
l'omission par lui de surveiller perpétuelle-
ment sa voiture et de donner même le cas
échéant des ordres à ses préposés, ne se
heurte-t-elle pas à cet autre principe qu'on
formule en ces termes : *Nulla pœna sine lege*,
puisqu'aucun texte n'enjoint aux propriétaires
d'automobiles, une obligation de surveiller
éternellement leur voiture ou d'exercer une
action directe sur les faits et gestes de leurs
préposés (1).

Néanmoins telle est la jurisprudence, manifestement farouche à l'égard des automobilistes, mais très ferme et sans défaillance.
Elle permet à tout acheteur d'un véhicule
automobile d'espérer ou plutôt de craindre
que sa vie de chauffeur ne s'écoulera pas,
sans qu'au moins une fois il ne se soit vu

(1) V. en ce sens: *Anciens,* 27 février 1902.
               Gaz. pal. 1902. 1. 620.
               D. P. 220. 2. 1902.
               Gaz. Trib. 2. 418. 1. 1902.
               Droit. 7, 8 avril 1902.

dresser indûment contravention pour excès
de vitesse ; et dès son premier tour de roue,
mieux vaut qu'il renonce à l'espoir de réussir
en pareil cas à se disculper.

Au point de vue des particularités juridi-
ques auxquelles il peut donner lieu, l'excès
de vitesse est sans aucun doute, de toutes les
contraventions prévues par le décret de 1899,
la plus intéressante. — Les autres, et certes
elles sont nombreuses, ne sauraient faire l'objet
d'une étude juridique spéciale ; les discussions
qui s'agitent à leur sujet étant rares, et d'autre
part sans caractère juridique bien certain. Seule
la question de savoir, dans ces divers cas,
qui, du propriétaire ou du conducteur de
l'automobile, est responsable pénalement de
l'infraction constatée, peut présenter un certain intérêt, et encore la jurisprudence se
base-t-elle pour la résoudre, sur des points de
fait, plus que sur des considérants de droit.
Telle est, d'ailleurs, dans chacun de ces cas,
la réponse de la Cour de cassation, ainsi qu'elle
est analysée par M. Bonnefoy, en l'étude qu'il

en a faite dans la *Revue des Lois et Sports* de 1906.

Aux termes de l'article 7 du décret de 1899, toute voiture doit, avant d'être mise en circulation, être munie d'une plaque portant, entre autres mentions, le nom et le domicile du propriétaire. L'absence de ces plaques entraîne pour conséquence une contravention, dont la responsabilité est toujours à la charge du propriétaire, quel que soit le conducteur au moment de la constatation de l'infraction, car l'apposition de ces indications « s'impose au « propriétaire, à raison de sa qualité même, et « représente une condition préalable à la mise « en circulation du véhicule».(Cass. 2 déc. 1905)

Avant de mettre en circulation une voiture automobile, le propriétaire doit en faire la déclaration à l'administration préfectorale, et de cette déclaration, il lui est délivré un récépissé, lequel doit être présenté à toute réquisition de l'autorité compétente. A la question de savoir à qui est imputable le défaut de récépissé, la jurisprudence répondit longtemps en condamnant invariablement le propriétaire, pour qui, elle a, en général, une préférence

marquée. A la suite de la Cour suprême, elle
vient toutefois de modifier sa manière de voir
et d'établir la distinction suivante: Le fait de
ne pas déclarer la voiture est imputable au
propriétaire, mais le fait d'être sorti sans être
muni du récépissé de déclaration est imputa-
ple au conducteur. Par conséquent, si la voiture a vraiment été déclarée, et si on ne peut
reprocher au contrevenant que le fait d'avoir
circulé sans être nanti de son récépissé, la
responsabilité pénale du conducteur est seule
engagée, dans le cas contraire, le propriétaire
et le conducteur encourent tous deux une
peine, l'un pour n'avoir pas fait la déclaration
prescrite, l'autre pour être sorti sans être nanti
des pièces dont il devait être porteur. Au
surplus, ici s'applique la règle étudiée à propos de l'excès de vitesse, et qui est commune
à toutes les infractions en matière d'automobile, à savoir que dans le cas où le conducteur,
théoriquement seul responsable, serait inconnu, le propriétaire encourrait à ses lieu
et place une responsabilité pénale, dont il ne
saurait se décharger qu'en faisant connaître le
coupable à la justice.

L'obligation de munir toute voiture automobile de numéros d'ordre incombe évidem-
ment au propriétaire. Mais le fait d'avoir mas-
qué ces numéros, de les avoir rendus illisibles
de quelque manière que ce soit, constitue une
infraction dont est responsable celui qui en
est l'auteur, sauf ici encore la responsabilité
de principe du propriétaire et sauf lui à dénon-
cer le coupable.

Le fait de ne pas munir sa voiture d'un signal
avertisseur et des deux lanternes règlemen-
taires à verre blanc et vert est imputable, en
principe, au propriétaire. Toutefois, si le
véhicule étant muni de ces appareils, une
contravention est dressée pour non usage en
temps voulu de ces instruments, c'est le conducteur, s'il est connu, qui sera pénalement
responsable.

Le fait de conduire une automobile sans être
muni du certificat de capacité, entraîne évi-
demment la responsabilité pénale du conducteur.

Toutes les autres contraventions possibles
et résultant des décrets de 1899 et 1901 sont
imputables au propriétaire ou aux chauffeurs,

suivant que c'était aux uns ou aux autres à les éviter, et les discussions, qui se sont élevées à leur propos, sont des discussions de fait et non de droit. C'est ainsi qu'on a discuté pour savoir qui était responsable de l'émission par un véhicule de fumées ou d'odeurs incommodes, les uns incriminant le véhicule lui-même et voulant la responsabilité du propriétaire, les autres incriminant la façon de conduire et voulant que la responsabilité en jeu soit celle, du conducteur. Ce sont aussi les raisons de fait, qui font admettre la responsabilité exclusive du conducteur en cas de bruit du moteur à l'arrêt.

Le décret de 1899 prévoit enfin, en son titre I, des mesures de sécurité, dont le mépris donne lieu à des poursuites pénales, d'ailleurs si rares, qu'il s'agit ici d'infractions presque exclusivement théoriques, contre les propriétaires ou les conducteurs, selon que la violation de ces instructions est le fait de ces derniers ou la conséquence inhérente de la propriété.

* * *

Telle est tracée dans ses grandes lignes la

législation pénale, qui régit en France la circulation des automobiles. Sans parler de celles
créées par les règlements locaux, qui sont innombrables, on voit quel chiffre fabuleux de
contraventions peuvent être dressées, simplement en vertu de textes applicables à toute la
France. Et si l'on considère, que presque toutes,
elles peuvent être constatées, simplement en
relevant les numéros inscrits à l'avant ou à
l'arrière des voitures, on en vient à considérer que cette façon de faire est peut-être bien
sommaire, et que, dans la mesure du possible,
on doit s'efforcer de rendre moins fréquentes
les erreurs qui sont la conséquence de cette
manière de procéder.

Lorsqu'un numéro est ainsi relevé par un
agent verbalisateur, ce qui ne devrait être permis que dans le cas ou le contrevenant a refusé de s'arrêter, un délai maximum de trois
semaines ou un mois devrait seulement être
accordé pour citer en simple police le coupable. Il est en effet inadmissible, que ce soit
trois ou quatre mois après les faits, que l'on
soit informé d'une contravention ; il est alors
trop tard pour qu'on puisse se justifier, le

temps entraînant toujours l'imprécision des souvenirs.

Indépendamment des lectures inexactes et de l'emploi de faux numéros, sources d'erreurs nombreuses en matière de contraventions au vol, il en est une autre qui dérive d'une lacune même de la législation, et qu'il serait aisé de tarir. — Avant de mettre une voiture en circulation, on doit en faire la déclaration à la préfecture, et, de cette déclaration, il est fourni un récépissé, qui assigne à la voiture le numéro qu'elle doit porter en caractères apparents et dénonciateurs. Désormais celui, qui a déclaré cette voiture, et dont le nom se trouve accolé sur un registre fatal, à un numéro, est responsable de toutes les contraventions que commettra la voiture marquée de ce numéro. Mais si, par la suite, cette voiture est vendue à un second propriétaire, dans le même arrondissement minéralogique, de telle sorte que ce second propriétaire n'ait pas à faire une nouvelle déclaration à la préfecture; ou même si la déclaration devant être faite par le nouveau propriétaire est volontairement omise par celui-

ci, le prédécesseur se verra verbaliser au vol
pour toutes les infractions commises par son
acquéreur, et ce n'est pas sans de grands frais et
les désagréments les plus sérieux, qu'il devra
circuler de justices de paix en justices de paix,
pour démontrer que, depuis longtemps, il n'est
plus propriétaire du véhicule verbalisé. —
Peut-être, pour éviter semblables inconvénients, pourrait-on créer une déclaration de
retrait des voitures qui, comme la déclaration
de mise en circulation, serait constatée par
un récépissé, grâce auquel les anciens propriétaires de voitures éviteraient de tels ennuis
et, en tout cas, établiraient aisément, en cas
d'erreur, leur irresponsabilité.

Au surplus ce n'est pas, semble-t-il, seulement d'améliorations qu'a besoin la législation pénale des automobiles, mais d'une refonte complète. Depuis 1899, cette industrie
s'est trop modifiée pour que les règlements
bons à cette date, le soient encore aujou-
d'hui. Et cette refonte se fera-t-elle et dans
quel sens? Vraiment, ne faut-il pas croire,
avec beaucoup d'auteurs très sensés, que les

sanctions pénales édictées contres les automobiles seront toujours insuffisantes à assurer
la sécurité des voies publiques. Ceux qui pen-
sent ainsi sont d'avis de ne plus s'occuper de
pénalités en cette matière, mais d'atteindre le
but désiré, en rendant beaucoup plus lourde
la responsabilité civile, qui peut peser sur les
automobilistes en suite des accidents dûs à
leurs machines. Sans pousser les choses à
l'extrême, comme certains qui parlent d'inter-
dire toute espèce d'assurance, en matière d'automobile, ou encore d'autoriser la saisie et la
vente immédiate au profit des victimes, des
automobiles, causes d'accidents (1), on peut
espérer que, par une législation plus raison-
née et non moins sévère, on arriverait à des ré-
sultats plus tranquillisants que par les prohibi-
tions qui viennent d'être étudiées. C'est le but
que poursuit actuellement la Société d'études législatives; elle a élaboré un très intéres-
sant projet de loi sur la responsabilité en matière d'accidents d'automobiles, qui a pour
caractères principaux d'êtrefondésurunethéo-

(1) *Lois nouvelles*, 1896, 2, 4 (Projet Grillon).

rie du risque analogue à celle qui sert de base
à la loi sur les accidents du travail et d'inter-
vertir le fardeau de la preuve, en le mettant
toujours à la charge des automobilistes ; ceux-
ci seraient d'ailleurs responsables même en
dehors de toute faute de leur part, et ne pourraient se dégager qu'en prouvant la faute lourde
de la victime ; la responsabilité civile des
chauffeurs existerait non seulement pour les
accidents, mais encore pour les faits acciden-
tels. Ce projet crée enfin une sanction pénale,
mais dans un seul cas : celui où l'automobiliste, auteur de l'accident, tente d'échapper par
la fuite à ses responsabilités (1).

Peut-être ces sanctions civiles très sévères
seront elle pour les automobilistes la meilleure
des législations pénales. Espérons donc que le
projet de la Société d'études législatives sera
un jour une loi de notre pays. Et en attendant
cet heureux événement, que les piétons absor-
bent avec plus de résignation les tourbillons
de poussière, dont ils ne cessent d'être inondés

(1) *Bulletin de la Société d'études législatives*, avril et
mai 1907.

et qui montent vers le ciel avec une odeur empoisonnée, comme un encens détestable, qui donnerait la nausée aux divinités elles-mêmes, s'il leur était destiné.